Frederick Amrine

Opdagelse af et geni: Rudolf Steiner på 150 år

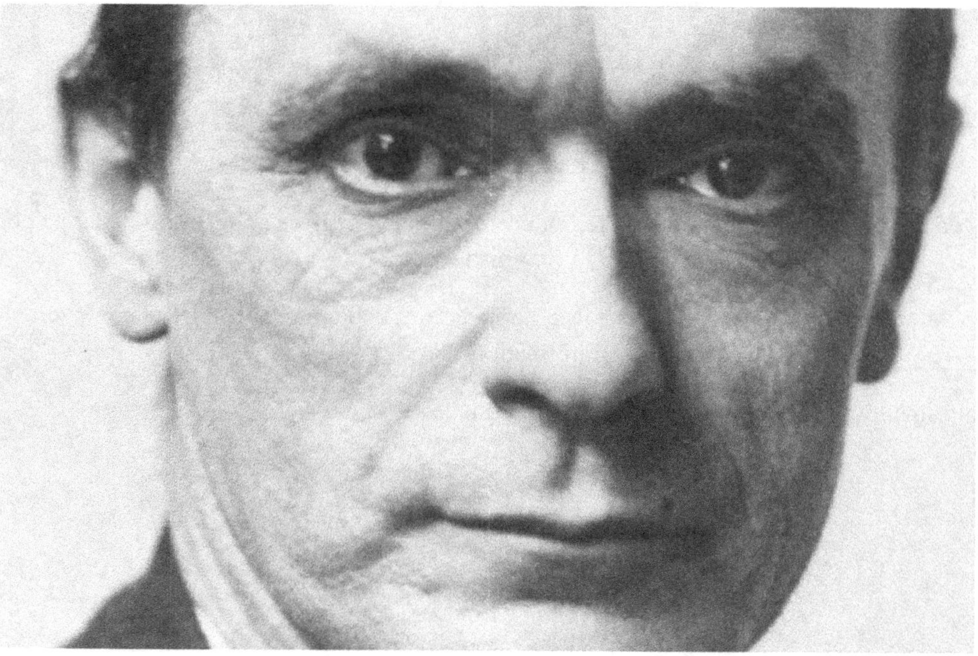

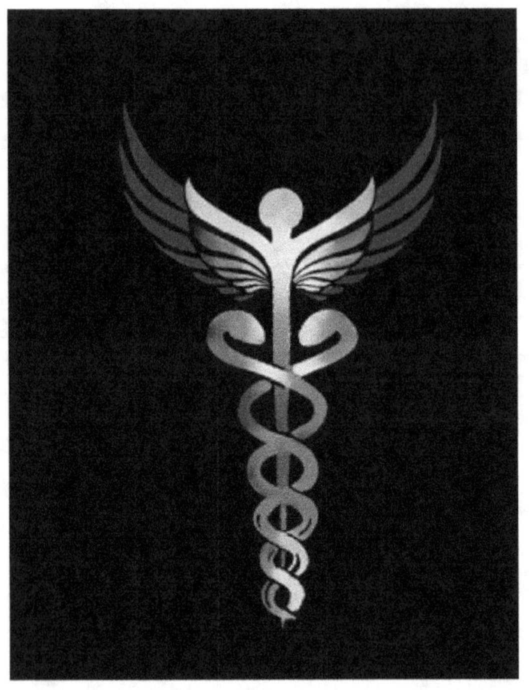

Willi Brandt (som vandt Nobels fredspris og havde en klar forståelse for, hvad han talte om) mener, at Rudolf Steiner har ydet det største bidrag til verdensfreden i det 20. århundrede. Den mangeårige redaktør af The Nation, Victor Navasky, beskrev ham i sine erindringer fra 2005 som "lysår foran kurven", og andre som Joseph Beuys har i Steiners dybe indsigt i den menneskelige natur fundet muligheden for en gennemgribende fornyelse af kulturen. Owen Barfield argumenterede for, at Steiner måske er den vigtigste, tænker i moderne tid, og tog afstand fra sin sædvanlige britiske tilbageholdenhed ved at hævde: "I sammenligning, ikke kun med hans samtidige, men med det vestlige sinds generelle historie, er hans statur næsten for overdreven til at kunne tåles". De af os, der er så heldige at have opdaget Rudolf Steiner, forstår, at vores tilsyneladende hyperbolske vurderinger vil fremkalde skepsis. Hvis Rudolf Steiner virkelig var et så stort geni, hvordan kan han så stadig være ukendt næsten et århundrede efter sin død?

Det er sket før. Aristoteles var ukendt for Vesten i et årtusind. Den katolske kirke satte Thomas Aquinas på sin fortegnelse over forbudte skrifter i et halvt århundrede efter hans død. I begyndelsen af det nittende århundrede måtte J.S. Bachs storhed genopdages og bekræftes af Mendelssohn. Van Gogh solgte ét maleri i sin levetid. Set i bakspejlet ryster vi på hovedet og undrer os over, hvordan en sådan forsømmelse kan være sket. Alligevel er det sket og på samme måde vil fremtidige generationer ryste på hovedet og undre sig over os.

UDFORDRINGER

Der er mange årsager til denne forsømmelse, og ingen af dem er gode. Steiner passer dårligt ind i de konventionelle kategorier af respekt: "pædagog"; "kunstner"; "filosof"; "offentlig intellektuel"; "teolog"; "historiker"; "kulturkritiker"; "åndelig lærer". Steiner var alle disse ting, men ingen af disse betegnelser kan indkapsle omfanget og ånden i hans arbejde. På den anden side synes Steiner ved første øjekast at være en person, som man hurtigt kan afvise med et nedværdigende begreb som "guru", "okkultist" eller "mystiker", men Steiner var på ingen måde en "guru": han afviste fuldstændig begrebet autoritet og definerede fra starten af antroposofien (som han senere kaldte sin filosofi) som en frihedsfilosofi. Af respekt og entusiasme kan nogle antroposofister udvise ærbødighed over for Steiners person, men det er helt i strid med hans ønsker og hans egen stil. Der er næppe en antydning af personlighed i nogen af Steiners skrifter eller foredrag, og hans ufærdige selvbiografi, som hovedsagelig omhandler de andre mennesker og ideer, han mødte tidligt i sit liv, er upersonlig og grænser til at være intetsigende. Steiner bekræftede ganske vist, at der findes en åndelig verden hinsides den normale bevidsthed, men hvis dette gør ham til en "okkultist" og "mystiker", så var Platon, Kepler, Emerson, Planck og Newton det også.

Antroposofien har sine rødder i idealismen hos tænkere som Schiller, Hegel, Fichte og især Goethe. Det er næppe obskure navne, men de er ikke særlig kendte i den engelsktalende verden, og den tyske idealismes ånd er i modstrid med den overvejende empiriske, skeptiske tankegang i den angloamerikanske tankegang. I slutningen af det 19. århundrede, på materialismens højdepunkt, var Steiners første forsøg på at etablere sig, først inden for den akademiske filosofi og derefter inden for arbejdernes uddannelsesbevægelse, begge baseret på den samme slags skepsis, som på det tidspunkt havde erobret den tyske talende verden. Ideer, der er blevet almindelige i dag, som f.eks. realiteten af det ubevidste eller opfatterens aktive rolle i at konstruere erfaringer, var kætterier i Steiners ungdom. Selv den kreds af avantgardekunstnere, som han efterfølgende sluttede sig til, var så optaget af deres egne personligheder og så meget i naturalismens vold, at de viste sig ude af stand til at følge Steiners forsøg på at udvikle den form for åndelig kunst, som to årtier senere skulle komme til udtryk i ekspressionistiske bevægelser som Den blå rytter. Den eneste gruppe, der var åben over for Steiners ideer, var teosoffer, så han accepterede deres invitationer til at holde foredrag, og til sidst indvilligede han i at blive sekretær for en ny tysk afdeling af Det Teosofiske Selskab. I 1903 begyndte Steiner at tale og skrive åbent om sin åndelige forskning, men selv denne teosofiske fase varede kun nogle få år: i 1907 var der opstået dybe kløfter mellem Steiner og selskabets ledelse, og i 1912 havde Steiner sagt op.

For vestlige læsere er et resultat af denne episode uheldigvis, at sproget i den grundlæggende antroposofi (før Steiner tog dette navn til sig) er gennemsyret af sanskritbegreber fra teosofien som "arupa", "pralaya" og "devachan". To af Steiners fire "grundbøger", som de er kommet til at hedde, har åbenlyst teosofiske titler: Teosofi (selv om den mest handler om psykologi) og Die Geheimwissenschaft im Umriß, en omfattende pendant til Blavatskys Hemmelige Lære, som længe blev udgivet på engelsk under den fatalt fejloversatte titel Occult Science. I sine senere værker udviklede Steiner et nyt ordforråd: f.eks. giver devakanerne plads til ontologiske områder som "væren", "åbenbaring", "levende virke" og "færdigt værk". Sådanne sproglige udfordringer er sikkert en af grundene til, at Steiner er blevet forsømt, men de er ikke gode grunde.

AT OFFENTLIGGØRE DET ESOTERISKE

En anden udfordring er, at antroposofien i enhver forstand er esoterisk. Den har sit eget ordforråd, som man skal beherske, men det gælder for næsten alt, der er værd at lære. Bortset fra de teosofiske begreber er antroposofiens sprog faktisk ret ligetil og intuitivt, og Steiner skriver og taler overordnet på en klar og tydelig måde. Den virkelige hindring er ideerne, som ofte er så nye, at man bliver rundtosset af dem. Det er Steiners tankegang, der er dyb og ægte esoterisk. Steiner var en visionær i stærkeste forstand: han havde udviklet en høj grad af det, der traditionelt kaldes clairvoyance. Steiner rapporterede som kendsgerninger ting, som de fleste af os endnu ikke har oplevet (eller som de fleste af os mangler modet til at rapportere, eller som vi oplever, men ikke forstår). Han forsikrer os derudover om, at vi alle har evnen til selv at opleve disse ting.

En af Steiners centrale lærdomme er, at den menneskelige kultur indtil for relativt nylig blev formet af enkeltpersoner - "genier" og "igangsættere" - som blev inspireret af deres deltagelse i en tæt bevaret, esoterisk viden, der går under mange navne. Steiner følger for det meste grækerne og kalder denne længe skjulte viden for mysterierne. På de første sider af Steiners første "grundbog", "Hvordan man opnår viden om de højere verdener", beskriver Steiner en dybtgående revolution, der fandt sted mod slutningen af det 19. århundrede: tiden var inde til, at de tidligere hemmeligheder blev undervist åbent og blev offentligt kendt, hvilket ville forandre hele kulturen. Det, der engang var genstand for passiv og halvbevidst åbenbaring udefra, skulle nu aktivt og bevidst søges indefra. Med romantikkens sprog (som foregreb begivenheden) skal spejlet nu blive til en lampe. Det var det, Steiner mente, da han erstattede ordet "teosofi" [guddommelig visdom] med ordet "antroposofi" [menneskelig visdom], og det må Owen Barfield have haft i tankerne, da han gav en samling af antroposofiske essays titlen *Romantikken bliver gammel*. Den store avantgardekunstner og antroposof Joseph Beuys var et ekko af Steiner, da han tog: "Gør mysterierne produktive!" som et af sine mange mottoer til sig.

MERE END PRODUKTIV

En anden udfordring er det enorme omfang af Steiners arbejde. Hvis folk, der skriver et dusin bøger, er "produktive", så var Steiner langt mere end produktiv. I en periode, hvor jeg læste Steiner intensivt i mange måneder, pegede min søn på den grønne paperback på 200 sider med ordet Gesamtwerk på omslaget, som han ofte havde set i min hånd, sukkede og klagede: "Bogen er ikke så stor, far. Hvor lang tid kan det tage at læse den?" Jeg grinede og viste ham, at det var kataloget over Steiners samlede værker på tysk, der stadig var ufuldstændigt på omkring 400 bind, og at jeg havde afkrydset titler, efterhånden som jeg arbejdede mig igennem dem. Udgaven begynder med 45 bind med bøger, breve og offentliggjorte essays, efterfulgt af 39 bind med offentlige foredrag og derefter yderligere 270 bind med private foredrag til medlemmer af det teosofiske og antroposofiske selskab, som blev optaget stenografisk. Flere dusin bind med hans noter, skitser, malerier osv. afslutter som planlagt den samlede udgave. Meget er stadig uoversat, og mange manuskripter ligger stadig uredigerede i arkiverne den dag i dag og er ikke udgivet. Selv den mest ivrige, livslange antroposofistuderende, der kan læse Steiner i original, må affinde sig med at dø uden at have læst hele hans værk.

Problemet med at gøre op med Steiner forværres af manglen på en enkelt klassisk tekst, en fortolkning af drømme eller en kritik af den rene fornuft, som er indbegrebet af hans tankegang. Han talte til mange forskellige målgrupper i mange forskellige idiomer. Hans dybeste indsigt findes i de private foredrag, som længe har været tilgængelige for offentligheden, men de forudsætter, at man behersker de indledende bøger, og det er allerede en overvældende opgave. For mange mennesker er det anvendelsen af Steiners indsigter på områder som uddannelse eller landbrug, der vil være mest overbevisende, men disse skrifter forudsætter også kendskab til "grundbøgerne", som hver især er meget forskellige fra de andre, og hvoraf den ene præsenterer en enorm og udfordrende kosmologi. For at kunne forstå ham fuldt ud må man læse Steiner i stor stil. Det er derfor, at antroposofister, når de bliver spurgt om, hvordan de skal begynde at studere Steiner, nogle gange er i vildrede i forhold til at komme med en anbefaling. Det er en reel udfordring, men det er ikke en undskyldning for at forsømme ham.

EN ÅNDELIG VIDENSKAB

Måske er den største hindring for accept, som Steiner stod og stadig står over for, at han befinder sig på den tilsyneladende umulige mellemgrund mellem videnskab og religion. Steiner var selv uddannet forsker, og han var dybt fortrolig med både videnskabens historie og filosofi, men hans egne indre oplevelser bekræftede ham i den åndelige verdens virkelighed. Han fandt en lang række fænomener, som kunne gennemtrænges og forstås af en forsker, der anvendte rigorøse metoder. Steiner mente, at tiden er inde til, at menneskeheden må begynde at transcendere og erstatte den rene tro med først viden om og til sidst direkte erfaring med åndelige realiteter. Formidlingen af denne epokale overgang er en vigtig del af det, som Steiner mente med at kalde antroposofien åndelig videnskab. Partisaner på begge sider af denne langvarige splittelse vil uundgåeligt blive skuffede, men de, der føler smerten ved dette dybe sår i vores menneskehed, vil blive draget mod antroposofien.

Antroposofien har ikke meget med religion at gøre, men alt med åndelighed. For tilhængerne er dette enten en for subtil skelnen eller en irrelevant skelnen. Steiner skrev og talte meget om emner, der normalt er forbeholdt teologien, især den kristne teologi, men hans synspunkter er dybt økumeniske. Det, som Steiner kaldte "Kristus", er en høj åndelig kraft, der transcenderer enhver specifik religiøs trosretning eller institution og gennemstrømmer dem alle på subtile og komplicerede måder. Antroposofien er forenelig med mange forskellige religiøse traditioner, men den er hverken baseret på eller kan reduceres til en kombination af dem. Steiner voksede op i en fritænkerfamilie og begyndte at forske i åndelig forskning udelukkende ud fra sine egne indre impulser, og han søgte at dyrke en fri åndelighed uafhængigt af enhver traditionel religiøs institution. Han beklagede sig også over den latente appel til egoisme i de evangelikales fokus på deres egen personlige frelse.

Intet i antroposofien er i strid med den moderne videnskabs ånd, som Steiner hylder, men han kritiserer med rette den historiske udvikling, som vilkårligt har begrænset den måde, hvorpå videnskaben har forstået sig selv og praktiseres. Steiner minder os om, at videnskab ikke er kendetegnet (eller bør være kendetegnet) ved et forudbestemt sæt af tilladte undersøgelsesobjekter, men snarere ved nøjagtighed, objektivitet og verifikation. Den moderne videnskabs kilder blev ved kilden sløret af et ønske om at kontrollere naturen, af uberettiget reduktionisme og af en forveksling af skepticisme og nøjagtighed. Francis Bacons triumfatoriske retorik skulle vise sig at være afgørende: efter hans mening skulle forskeren "ikke undlade noget middel til at genere" gudinden Natura og "jagte hende i hendes vildfarelse". Han forestiller sig, at forskeren "fører naturen til dig med alle hendes børn for at forpligte hende til din tjeneste og gøre hende til din slave". I "Planen" for Den store fornyelse (1620) praler Bacon med: "Jeg har ikke blot til hensigt at undersøge disse regioner i mit sind, som en augur der tager spådomme, men at træde ind i dem som en general der agter at tage dem i besiddelse". Når vi har behandlet naturen som en slave og et krigsbytte, er det da ikke underligt, at vi er ramt af økologiske kriser? Steiner forudså dem, og han tilbyder løsninger, der løser problemet ved roden.

Steiner udarbejdede en videnskabelig metode til at undersøge netop disse kvaliteter, og hans omfangsrige bøger, essays og foredrag rapporterer resultaterne af hans egne noetiske eksperimenter. Steiner fulgte Goethe i sin erkendelse af, at den, der opfatter, er uløseligt involveret i opfattelsen af oplevelsen; at al opfattelse allerede er "teoriladet". For både Goethe og Steiner er det mest præcise videnskabelige instrument - mennesket, som har kultiveret sine evner. Goethe har derfor udtænkt en alternativ videnskabelig metode, der anvender disciplineret fantasi, en rigorøs videnskab om kvaliteter. Videnskabens højeste mål bør ikke være at desillusionere naturen med henblik på at kontrollere den, men snarere at udvide ens personlige evner for gradvist at komme ind i naturens visdom. Ligesom Goethe mente Steiner, at videnskabens ultimative mål bør være videnskabens forvandling af forskeren. Som Freud, Husserl og andre af Steiners samtidige også ville hævde, er der i princippet ingen grund til, at videnskabelig nøjagtighed ikke kan udvides til at omfatte fakta i vores indre liv. Videnskabens ultimative mål er teori i etymologisk forstand: theoria kommer fra samme rod som "teater" og beskriver en kontemplativ betragtning af åndelige fakta. Selvtransformation gennem meditativ kontemplation af fænomenerne er således ikke videnskabens modsætning, men snarere dens ultimative mål og essens.

UDVIDET BEVIDSTHED

Som Platon lærte i sin Hulelignelsen, er sansning og den passive, ureflekterede tanke, der er baseret på sansning - doxa - blot skygger, der kastes af lyset fra en overpersonlig tænkning, der er kreativ, livlig og levende. Steiner fulgte de tyske idealister og romantikere og kaldte denne oplivede, intuitive tænkning for fantasi, men han gik meget længere end romantikerne ved til fulde at udforske det åndelige opfattelsesområde, som forestillingsorganet er indrettet til, og endnu mere ved at udvikle endnu højere erkendelsesformer, som han kaldte Inspiration og Intuition. En måde at begynde at tænke på det, som Steiner opdagede, er at udvide Platons analogi: Inspiration er en høj kognitiv evne, som vores daglige følelser kun er skyggen af, og vi ser Intuitionens skygge i vores viljestyrke. Vores daglige bevidsthed om følelser er drømmelignende, og bevidstheden sover dybt i vores vilje, men bevidstheden kan vækkes selv på disse højere niveauer.

Ligesom Freud og Jung lærte Steiner, at det ubevidste kan - og skal - blive mere og mere bevidst, og at der findes rigorøse metoder til at opnå en sådan højere viden. Freud afdækkede og udforskede en personlig ubevidsthed, som han fandt ud af var langt større, mere magtfuld og mere vidende end bevidstheden. Han kaldte det "hypermnestisk" - en superhukommelse. Jung gik videre og fandt stærke beviser for et transpersonligt ubevidsthedssystem. For at forstå Steiners åndelige psykologi er man nødt til betydeligt at udvide disse begreber i to dimensioner: Steiners "ånd" kan således forstås som naturens ubevidste og en kosmisk hukommelse om alt, hvad der nogensinde er sket. Ligesom Platon, Freud og Jung beskriver Steiner en rigorøs metode, hvormed man kan gøre fremskridt på vejen til højere viden og til sidst selv verificere det, som igangsætteren har opdaget og rapporteret, og som han selv kan bekræfte. Dette enorme, kosmiske ubevidste kan åbnes gradvist gennem meditation - et ord, der stammer fra det latinske verbum, som ganske enkelt betyder "at øve sig". Med øvelse og over tid kan alle udvikle disse evner til højere erkendelse. Hvad kunne være mere håbefuldt end den indledende sætning i Steiners første "grundbog"? "I ethvert menneske ligger der en evne til at opnå viden om de højere verdener."

GENVINDELSE AF FORTIDENS VISDOM

Resultaterne af Steiners forskning gav mange dybe indsigter i den menneskelige natur og verdens historie. Først og fremmest genfandt og forklarede Steiner den gamle mysterieviden om, at den menneskelige natur er treenig og ikke kun består af kroppen, men også af sjæl og ånd. I løbet af århundrederne, efterhånden som menneskeheden stadig sank dybere ned i den materielle verden, blev bevidstheden om vores højere natur stadigt mindre og mindre. Steiner henviste ofte til det økumeniske koncil i Konstantinopel i 869 e.Kr., hvor det blev kætteri at tale om den menneskelige ånd, som en vigtig milepæl. Menneskeheden sank stadig længere ned, indtil den uhæmmede materialisme i slutningen af det 19. århundrede var tæt på at ødelægge enhver fornemmelse af den menneskelige sjæls virkelighed. Steiners første store opgave var at bekæmpe denne materialisme, som han vidste var falsk ud fra sin egen, direkte erfaring, men han lærte også, at menneskeheden kun fuldt ud kunne blive selvstændig ved at gennemgå en lang formørkelse, hvor den åndelige verden var skjult for os, så vi kunne blive fuldt ud vågne og forankret i den fysiske verden. Skepsis og materialisme var de nødvendige midler til en modernitet, som i sidste ende måtte overskride dem. Nu, hvor materialismen har opnået sine fordele, bliver den skadelig, og menneskeheden må begynde at søge sin egen højere natur og det rette forhold til makrokosmos ud fra sin nyvundne autonomi.

EVOLUTION

Men selv dette alternative syn på moderniteten er kun et kort kapitel i en meget større historie, som fører os til en af Steiners største bedrifter og et overordnet tema i hans mange bøger og foredrag: hans beskrivelse af bevidsthedens udvikling. Inden for rammerne af denne omfattende redegørelse behandler Steiner det, man kunne kalde udviklingen af "kosmisk bevidsthed" over den enorme tidsskala af hele forhistorien, men han er dog meget mere opmærksom på den dokumenterede historie. Begge ender af dette værk er storslåede ud over det tænkelige.

Steiner bekræftede evolutionens realitet, men ikke som Darwin forstod den. Han ærede Darwins teori, som var inspirationen og forudsætningen for Steiners egen forskning i det, man bedre kan kalde evolutionær kosmologi. Darwin kunne kun se en lille del af Steiners meget større billede. Steiners mest kortfattede redegørelse for dette episke drama findes i kapitel IV i hans sidste "grundbog", En oversigt over den esoteriske videnskab, men det er helt sikkert en af de mest komplicerede og vanskelige tekster i hele hans forfatterskab. Ikke desto mindre kan det vigtigste trajektorium skitseres med få ord. Den samme proces, som Darwin fra et jordisk perspektiv beskriver som en biologisk gradvist opadgående evolution af stadig mere komplekse former, beskriver Steiner fra et åndeligt perspektiv som en gradvis nedstigning af åndelige væsener i stadig mere hensigtsmæssige materielle kar. Ved andre steder tilbyder Steiner yderligere perspektiver på sin kosmologi og supplerer f.eks. det "ydre" syn på de færdige produkter i Esoterisk Videnskab med en særlig sublim cyklus af fem korte foredrag, der så at sige tilbyder et "Elohims syn" på den samme udfoldelsesproces. Ifølge Steiner blev menneskeheden skabt oppefra og ned, men den har udviklet sig nedefra og op, i løbet af successive "inkarnationer" af det, der nu er planeten Jorden. Udviklingen giver os mulighed for at nærme os flere mål: gennem mange æoner er vi blevet ført fra enkelhed til kompleksitet, fra ubevidsthed til bevidsthed, fra passivitet til aktivitet og fra nødvendighed til frihed. Efter at have modtaget visdommens gave er det nu vores opgave at internalisere denne visdom og omdanne den til aktiv kærlighed. Frihedens paradoks indebærer, at jo længere vi bevæger os hen imod disse mål, jo mindre sikkert er resultatet af processen, som i stigende grad vil blive lagt i vores egne hænder.

Fra 1906 og med stigende intensitet i løbet af det næste årti rejste Steiner rundt i Europa og holdt en række private foredrag for medlemmer af Det Teosofiske Selskab og senere det nyoprettede Antroposofiske Selskab om næsten alle aspekter af kulturhistorien i lyset af sin åndelige forskning og især sin indsigt i bevidsthedens udvikling. Dette fantastiske projekt om nyfortolkning, som omfatter tusindvis af foredrag, der fylder hundredvis af bind, er helt sikkert en af de største bedrifter i hele den intellektuelle historie, som i omfang, nøjagtighed og ren og skær genialitet kun kan konkurreres med Aristoteles' og Aquinas' store synteser. At sige, at Steiner omskrev historien, ville være en underdrivelse: det ville være mere korrekt at sige, at han tilføjede en helt ny dimension til historieskrivningen. Bevidsthedens "udvikling", som Steiner beskriver, går ud over en ren "idéhistorie". Dette fordi han hævder, at ikke blot indholdet, men selve bevidsthedens struktur, altså selve subjekt-objekt-forholdet, har udviklet sig radikalt over tid. Steiners fulde redegørelse er spredt over adskillige bind, men heldigvis har Owen Barfield givet os en glimrende sammenfatning, fortolkning og original anvendelse af Steiners idéer i sin bog Saving the Appearances: A Study in Idolatry.

DET ÅNDELIGE I KUNSTEN

Efterhånden som dette bemærkelsesværdige projekt udviklede sig, begyndte Steiner at blive mere og mere interesseret af kunsten. Dette skift i fokus blev faktisk en af de vigtigste stridspunkter mellem Steiner og de andre teosoffer. Mod Annie Besants indvendinger forsøgte Steiner at gøre den teosofiske kongres i 1907 til en avantgardekunstfestival; til sidst forsøgte Steiner i løbet af fire år i træk fra 1910 til 1913, , i München, at lede det nyoprettede antroposofiske selskab ved at skrive og instruere fire ekspressionistiske mysteriedramaer, der legemliggjorde mange af hans centrale indsigter. Mod slutningen af sit liv udtrykte Steiner en vis ærgrelse over, at han ikke havde fokuseret endnu mere på kunstnerisk praksis.

Da Steiner blev blokeret i sine forsøg på at bygge et center i München lige før udbruddet af Første Verdenskrig, accepterede han klogt nok en invitation til at bygge et hovedkvarter for Selskabet i Dornach, nær Basel i Schweiz. Under uroen efter krigen, som bl.a. omfattede et mislykket attentatforsøg fra proto-nazister i 1921, flyttede Steiner hovedstedet for sine egne aktiviteter fra Tyskland til Schweiz. Nazisterne ville senere forbyde Selskabet og alle dets initiativer, men de overlevede i Dornach, som stadig er det internationale centrum for den antroposofiske bevægelse. I løbet af et årti fra 1913 ledede han opførelsen af et storslået bygningsværk, hovedsagelig udskåret af træ, der stod til at være arkitektur og en skulptur, et teater og et tempel. Sammen med den engelske skulptør Edyth Marion udførte Steiner selv en storslået gruppe af statuer, som skulle være i fokus. Han designede og hjalp også med at male vægmalerier på det indre af de to gennemtrængende kupler. Dette Goetheanum skulle legemliggøre Goethes vigtige begreb om metamorfose, men det skulle også fungere (som dets efterfølger stadig gør) som en scene for Steiners egne dramaer, for uklippede femdagesforestillinger af Goethes Faust, andet klassisk teater, musikkoncerter og to helt nye kunstformer, som Steiner udviklede: en danselignende bevægelseskunst, som han kaldte eurytmi, og en recitationskunst, som han kaldte Sprachgestaltung eller kreativ tale, der har til formål at synliggøre musikkens og sprogets indre gestus.

Eurytmi er en vigtig episode i dansens historie, som fejlagtigt er blevet negligeret. Den var en fortsættelse af en æstetisk revolution, der ikke begyndte i Europa, men i Amerika. De oprindelige impulser, der førte til den "nye dans", var dybt spirituelle. Det er ikke Wigmans, Grahams og Humphreys' "moderne dans", men derimod eurytmi, der er den sande efterfølger til den "nye dans" - og som forener Loie Fullers åndsvidenskab, Isadora Duncans balance mellem apollinisk og dionysisk og Ruth St. Denis' orientalske spiritualitet.

Steiner er bredt anerkendt af kunsthistorikere som en vigtig arkitekt. Desværre blev hans største mesterværk, det første Goetheanum (som det nu kaldes), ødelagt af en brandstifter nytårsaften 1922/1923, dog blev det erstattet af et andet Goetheanum af skulpturbeton, som Steiner selv havde tegnet og færdiggjort efter sin død. Hans Scharoun kaldte det andet Goetheanum for "den vigtigste bygning i første halvdel af det 20. århundrede". Steiners vovede ekspressionistiske værk kan bedst beskrives som "organisk funktionalisme". Han var overraskende indflydelsesrig: Mange arkitekter identificerer sig i dag selv som "antroposofiske", og han inspirerede direkte nogle af det tyvende århundredes mest berømte bygningsværker, herunder Notre Dame du Haut af Le Corbusier og Frank Lloyd Wrights Guggenheim Museum. Hvis mange af de mest ikoniske bygninger fra slutningen af det tyvende århundrede er ekspressionistiske, og hvis Rudolf Steiner var den største af de tidlige ekspressionistiske arkitekter (som Scharoun hævder), så er han en stor arkitektonisk pioner. Steiner var en vigtig kunstner i sin egen ret og havde også indflydelse på mange andre store kunstnere, nogle af dem en meget dyb indflydelse, herunder Vasily Kandinsky, Arnold Schönberg, Andrei Bely, Viktor Ullmann, Bruno Walter, Saul Bellow og Joseph Beuys.

REINKARNATION OG KARMA

Først i slutningen af sit liv var Steiner i stand til at dedikere sin fulde opmærksomhed til den anden store opgave i sin erklærede mission: at formidle reinkarnationens og karmaens virkelighed i en form, der var passende for Vesten. Det er bestemt ikke tilfældigt, at Steiner først påbegyndte dette arbejde længe efter sin teosofiske fase: Steiners påstande har kun meget lidt lighed med de fleste orientalske lærdomme, og han ville ikke have ønsket, at de blev forvekslet, men en fremragende (og nødvendig) introduktion til emnet findes allerede i et kapitel i Esoterisk Videnskab kaldet "Søvn og død". Det er måske blevet en gammel metafor, men det er ikke desto mindre sandt, at søvnen er en "lille død": hver nat forlader vi vores kroppe når vi sover for at træde ind og kommunikere med den åndelige verden, blot for at glemme oplevelsen, når vi vågner. På samme måde kommunikerer vi med åndelige væsener i et længere interval i den åndelige verden mellem inkarnationerne, for derefter at drikke af Lethe, glemslens flod, inden vi genfødes. Både vores død og vores genfødsel er, som Wordsworth hævdede, "blot en søvn og en glemsel". Vi er ikke mere nyskabte ved fødslen, end vi er, når vi vågner op af søvnen om morgenen.

Reinkarnation giver mening med bevidsthedens udvikling og omvendt, men den opvejer også uretfærdighederne i de tilsyneladende tilfældigheder ved fødslen: klasse, køn, race, muligheder eller mangel på samme, at leve i en tid med fred eller helvedes stridigheder, at opleve de vidunderlige behageligheder og bekvemmeligheder, som teknologien giver, osv. Ifølge Steiner skifter vi typisk køn og bevæger os fra kultur til kultur gennem mange inkarnationer og absorberer (eller får i det mindste mulighed for at absorbere) det bedste, som hver kultur har at byde på. Det er en dybt kosmopolitisk vision: Vi bliver alle sammen med tiden, bevidst eller ubevidst, gradvist til verdensborgere og hele mennesker. Evner, der er erhvervet gennem hårdt arbejde (eller lidelse eller andre prøvelser) i den ene inkarnation, forvandles til nye talenter i den næste inkarnation. Genialitet er ingen tilfældighed.

Sammen giver reinkarnation og karma en reel retfærdighed - og barmhjertighed - i denne verden, snarere end et vagt løfte om belønning i den næste verden. Vores arbejde kommer tilbage som nye evner, men vores fejl og vores misgerninger kommer også tilbage for at møde os i vores næste inkarnation og konfronterer os som tilsyneladende tilfældige møder og ydre begivenheder. Ved at lade os opleve konsekvenserne af vores handlinger på vores egen hud og ved at give os mulighed for at vokse og råde bod er karma en nådehandling, en højere lovmæssighed, som giver os mulighed for at gøre os selv hel. Steiner advarede om, at karmalovene er uhyre komplekse, og at karma er uendeligt opfindsom, så han gik ret hurtigt fra en række foredrag, der fastlagde nogle grundlæggende principper, til en lang række eksempler med biografier af virkelige personer fra historien. Den græske pendant til sanskritordet "karma" ville være "drama", og Steiner formanede os til at se vores biografier som udfoldede moralske dramaer eller til at tænke på karma som en skulptør, der former vores levende ler. Hvis, som Steiner hævdede, "Karma er den største kunstner", så må vores liv selv være de største kunstværker. Alt, hvad vi gør, og alt, hvad vi lider, har en mening.

EN NY KUNST I UNDERVISNINGEN

I kølvandet på Første Verdenskrig smuldrede de sociale og politiske institutioner, som havde fejlet så elendigt, og efterlod et frygteligt tomrum. Verden skreg efter fornyelse. I løbet af det sidste årti af Steiners liv gav antroposofien anledning til en lang række ambitiøse praktiske initiativer, som skulle løse krisen. Efter at have hørt Steiner tale til sine arbejdere spurgte en industrimand ved navn Emil Molt, der ejede cigaretfabrikken Waldorf-Astoria i Stuttgart, Steiner, om han kunne give arbejdernes børn en uddannelse, der var mere tilpasset deres behov og deres menneskelighed. Steiner indvilligede på en række betingelser, der var revolutionerende for den tid: skolen skulle være en blandet skole, alle elever skulle gennemgå det samme, omfattende pensum, og lærerne skulle have det sidste ord i alle pædagogiske beslutninger. Med Molt's generøse opbakning åbnede Steiner den første Waldorfskole i 1919 i nærheden af fabrikken i Stuttgart. Ni år senere åbnede den første waldorfskole i Nordamerika i New York City. Bevægelsen fortsatte med at vokse, og på trods af at være blevet forbudt af nazisterne (og bolsjevikkerne) er waldorfskolerne blevet en af de største ikke-sekteriske uddannelsesbevægelser i verden med mere end 900 skoler og 1.600 småbørnsuddannelser på seks kontinenter.

Grundlaget for Waldorfpædagogikken er Steiners dybe indsigt i menneskets og barnets udvikling, lærerens skiftende rolle og en rig, holistisk læseplan. Steiner forstod, at børn lærer meget forskelligt på hvert udviklingsstadium, og at ægte læring bør være en gradvis forvandling, ikke blot af tænkning, men også af følelser og vilje. Som Steiners samtidige, digteren og esoterikeren William Butler Yeats så godt udtrykte det: "Uddannelse er ikke at fylde en spand, men at tænde et bål". Små børn lærer først og fremmest gennem imitation og leg, og lærer bedst, når man appellerer til deres fantasi. Intellektuelle opgaver (som selv de yngste børn kan tvinges til at udføre - eller rettere sagt efterligne) bør udsættes til senere, når den unge begynder at udvikle en reel evne til abstrakt tænkning, som så kan indgå direkte i gymnasiets pensum. Grundlaget for kognition er leg, og børn, der ikke har fået lov til at lege, vil blive hæmmede voksne - fulde af fakta, måske, men uden kreativitet. Små børn lærer først og fremmest gennem deres vilje til at gøre. Efterhånden som det indre følelsesliv modnes i puberteten og derefter, bliver kunsten den vigtigste dør til viden. Steiner forstod også, at ægte læring aldrig er lineær, men altid dynamisk. Rige erfaringer modnes i det ubevidste og kommer frem flere år senere som helt andre evner. F.eks. lærte Steiner, at den kunstneriske proportionssans, som man får ved at tegne og male i ungdomsårene, vil blive til en sund dømmekraft hos den tænkende voksne.

Steiner foreskrev, at klasselæreren skulle blive ("loop") med den samme gruppe af børn, normalt fra første til ottende klasse, hvorefter eksperter underviste i specifikke discipliner som matematik, engelsk eller biologi. Han ønskede, at lærere i grundskolen og på mellemtrinnet først og fremmest skulle blive eksperter i den gruppe af børn, som de fik betroet. Waldorfpædagogikken stiller mange krav til klasselærerne, som skal blive "renæssance mænd og -kvinder", som hvert år skal beherske nyt stof og vokse sammen med deres klasse. Han bad lærerne om hver aften at reflektere over deres elever og over sig selv. Steiners pædagogik handler lige så meget om lærerens selvudvikling som elevernes uddannelse, men de store krav, som undervisningen stiller, giver også store personlige belønninger og dybe relationer til eleverne, som kan vare hele livet.

Steiner gav lærerne på den første skole et motto, som skulle guide dem: "Modtag barnet i ærbødighed; opdrag barnet i kærlighed; send barnet ud i frihed." Selv om den respekterer mange religioner og er skabt ud fra et ærbødigt syn på verden og mennesket, handler Waldorf-læreplanen lige så lidt om at indskærpe en bestemt religiøs eller åndelig doktrin som hospitaler handler om at lære deres patienter anatomi og fysiologi. Det centrale i læreplanen er Steiners synspunkt, at ontogeni er en gentagelse af fylogeni - at det menneske, der udvikler sig, i det små er en gentagelse af den store, overordnede bevidsthedsudvikling, som menneskeheden som helhed har gennemgået. For de yngste børn er verden fuld af magi; de lever i en dyb, drømmende sympati med dyr, planter og sten. Læreplanen fodrer denne bevidsthed med arketypiske myter og fortællinger fra mange kulturer. I tredje klasse er børnene i en vis forstand blevet små monoteister; i sjette klasse er de blevet romerske jurister. Efterhånden som de vokser til selvstændighed, oplever børnene deres egen indre renæssance; Steiner identificerede dette øjeblik som grundlaget for hele læreplanen. Ungdomsårene er en alder med store revolutioner. Waldorfpædagogikken opsøger eleverne der, hvor de lever, og den ved, at disse rekapitulerede erfaringer senere vil vise sig som et meget anderledes, passende moderne sæt af evner. Når eleverne kommer i gymnasiet, er de klar til det mest krævende intellektuelle arbejde, vi kan give dem, og de er i stand til at reagere ud fra en bred vifte af indre ressourcer. På denne måde søger Waldorf-læreplanen at give, som en skole beskriver det, en "moderne klassisk uddannelse, der ikke kun inddrager hovedet, men også hjertet og hånden; ikke bare 'collegeforberedelse', men 'livsforberedelse'".

SOCIAL FORNYELSE

Waldorfpædagogikken er i dag det mest kendte aspekt af Steiners arbejde, men kun få er klar over, at den kun er en lille rest af det, der skulle blive (og stadig kunne blive) et meget større socialt program. Steiner kaldte det på tysk for "soziale Dreigliederung", "den tredobbelte sociale orden". Som så meget andet af hans arbejde er Steiners sociale og politiske tanker vanskelige at karakterisere på en kortfattet måde, ikke mindst fordi de går på tværs af konventionelle kategorier. Steiners kritik af laissez-faire-kapitalismen er på mange vigtige punkter parallel med Marx' kritik, f.eks. at insisterer han på, at menneskelig arbejdskraft ikke er en vare, der kan sælges, og at det industrielle liv er fremmedgørende, fordi det krænker den menneskelige natur, men Steiner ligner mere en klassisk liberal i sin fastholdelse af adskillelsen af det politiske område (som han kaldte "rettigheder sfære") fra både økonomi og kultur (herunder både religion og uddannelse).

Efter Første Verdenskrig blev Steiner en vigtig politisk teoretiker og aktivist i sin egen ret. Han trådte ind i det vakuum, der var opstået efter nederlaget og kejserens abdikation, og argumenterede for det, vi i dag ville kalde en "tredje vej" mellem kapitalisme og kommunisme - en idé, der senere skulle vende tilbage i Prag-foråret i 1968, som var meget præget af Steiners teorier. Steiner offentliggjorde et manifest, som blev underskrevet af mange fremtrædende personer, sammen med en masse essays og en bog, der præsenterede hans grundlæggende idéer i populær form. Han holdt foredrag for arbejderkomitéer over hele Tyskland (det var efter at have hørt et af disse foredrag på sin fabrik, at Emil Molt første gang henvendte sig til ham), han trænede og sendte hold af arbejdere ud for at udbrede sine ideer, og han iværksatte endda en storstilet politisk kampagne, hvor han håbede (men i sidste ende mislykkedes) at vinde en direkte afstemning om den nye regeringsform i Schlesien.

Som mange andre radikale politiske tanker begynder Steiners med den franske revolutions inspirerede, men med misforståede og misbrugte idealer: liberté, égalité, fraternité. Steiner vendte dog alle konventionelle samfundsteorier på hovedet ved at hævde, at altruisme (fraternité) bør være det ledende princip på det økonomiske område. Han hævdede, at den stadigt stigende arbejdsdeling faktisk understreger dette princips sandhed, fordi det betyder, at vi i stigende grad arbejder ikke blot for os selv, men for andre. Altruismens vigtigste praktiske form bør være en "associerende økonomi", hvor producenter og forbrugere samarbejder og mødes om at producere det, der virkelig ønskes på en så effektiv måde som muligt. Et godt eksempel på denne idé i praksis ville være "fællesskabslandbrug" eller CSA'er, hvor forbrugerne køber andele, har en stemme i beslutningen om, hvad der skal dyrkes, besøger gården og beskytter landmændene mod vejrets og markedets omskifteligheder ved at garantere deres indkomst. "Fællesskabsstøttet landbrug" er nu en stor og forskelligartet bevægelse i dette land, men konceptet var oprindeligt Steiners, og det blev bragt hertil af antroposofister.

Den "midter sfære" af rettigheder og lovgivning bør styres af princippet om égalité eller lighed, og Steiner insisterede entydigt på et tidspunkt, hvor mange var usikre, på, at demokratiet er den eneste passende politiske form. Dette er den egentlige politiske sfære og den eneste sfære, hvor politikken bør være bestemmende; Steiner placerer i øvrigt ikke kun arbejdet og arbejdslønnen, som han betragter som grundlæggende menneskerettigheder, men også - og det er endnu mere overraskende - penge og banker, hvis egentlige funktion er at fordele kapitalen retfærdigt til gavn for alle. Steiners tanker om penge er fascinerende: Han betragter dem f.eks. ikke som en universel byttevare, men snarere som et rettighedsbevis, og han hævder, at penge udviser fundamentalt forskellige kvaliteter, når de cirkulerer i de tre sfærer. For Steiner opstår kapitalen som en iværksætteridé og et initiativ i den åndelig-kulturelle sfære, manifesterer sig derefter som lånepenge i rettighedssfæren, udfolder sig som købspenge i den økonomiske sfære og giver i sidste ende indtægter og overskud til at tilbagebetale lån og støtte uddannelses- og kulturinstitutioner med donationer, som gør det muligt for cyklussen at begynde forfra. Et praktisk resultat af Steiners tanker på dette område har været oprettelsen af antroposofiske banker, som fungerer mere som nonprofit-stiftelser, der støtter værdige formål. Nogle af disse banker udgiver regelmæssigt nyhedsbreve, hvori indskyderne opfordres til at vælge mellem låneansøgere, der beskriver deres projekter.

For Steiner bør frihed (liberté) ikke være kendetegnende for det økonomiske, men snarere for det åndeligt-kulturelle område: I en sund samfundsorden er det ikke økonomiske virksomheder, men snarere ideer, der bør konkurrere frit. Skoler, kirker, museer, universiteter og andre institutioner, der hører til dette område, bør så vidt muligt beskyttes mod politiske og økonomiske kræfter. Mange forskellige kulturer bør have lov til at blomstre uafhængigt af hinanden inden for hver enkelt politisk enhed. Ideelt set bør kulturinstitutioner finansieres af donationer, og de bør være selvforvaltende. På dette område bør kultiveringen af hvert enkelt menneskes fulde kreative potentiale være et mål i sig selv; skoler er ikke beregnet til at indoktrinere eller endog træne: de er beregnet til at uddanne. Waldorfskolebevægelsen er et strålende eksempel på disse principper i praksis.

FRØENE TIL EN NY KULTUR

Antroposofien har givet anledning til mange flere initiativer i Steiners levetid og efterfølgende. Han arbejdede sammen med læger for at skabe nye former for "antroposofisk udvidet" eller "komplementær" medicin: bevægelsen er stadig lille i Nordamerika, men den er fuldt udviklet i Europa, hvor der er blevet oprettet mange antroposofiske apoteker, klinikker og endda nogle hospitaler. Weleda og Hauschka er respekterede internationale medicinalfirmaer; Uriel Pharmacy og TrueBotanica er for nylig blevet lanceret i USA. Hauschka anses nu også af mange for at være det ultimative kosmetikfirma. En lang række af samfund her og i udlandet, især Camphill-bevægelsen, arbejder ud fra antroposofiske indsigter for at opfylde børns og voksnes særlige behov.

Steiner var således langt forud kurven, og det er derfor, han taler så direkte til så mange spørgsmål, som vi fortsat kæmper med i dag. Hans sociale teorier har potentiale til at afklare de aktuelle debatter om globalisering. Steiner lagde en stor del af skylden for Første Verdenskrig på den fejlagtige opfattelse af "nationaløkonomi" og hævdede, at økonomi i sagens natur er apolitisk og global. Han var en ivrig feminist, som allerede i 1895 argumenterede for fuld valgret og insisterede på, at hvis der er "kvindespørgsmål", så er det kvinderne, der skal besvare dem. Steiner var også en tidlig og dybtgående økolog. Allerede for mere end hundrede år siden advarede han om, at menneskehedens forhold til jorden havde brug for helbredelse. Som svar herpå blev Steiner en stor pioner inden for økologisk landbrug og udviklede "biodynamiske" metoder, som anvendes over hele verden i dag. Biodynamiske gårde findes i 30 amerikanske stater, og en lang række af vinmarker har skiftet til biodynamisk produktion. Biodynamikken er faktisk ved at blive lige så kendt som Waldorfpædagogikken, og antroposofien kan potentielt set levere et vigtigt teoretisk og praktisk grundlag, ikke kun for økologisk landbrug, men for den økologiske bevægelse generelt. Der har også været mange forsøg på at bringe Steiners ideer ind i erhvervslivet: store europæiske virksomheder som Mahle, Altnatura og Software AG er blevet grundlagt af antroposoffer og drives i varierende grad efter antroposofiske principper. Derudover kan antroposoferne påvise årtiers succesfulde erfaringer inden for det nye område for social finansiering.

I en verden, hvor så mange ideologier - marxisme, nationalisme, materialisme, religiøs fundamentalisme, markedets usynlige hånd - er blevet opslidende, hvis ikke ligefrem destruktive, hungrer mange efter en radikalt ny form for tænkning, efter ideer, der udspringer af ny indsigt, ideer, der har en reel transformativ kraft. De længes efter idéer, der kan blive til virkelige, levende idealer. Steiner har givet os dem i rigelige mængder og har iværksat og inspireret et væld af initiativer i hele verden.

Antroposofien er nu et århundrede gammel og føles alligevel ung. Steiner er fortsat skelsættende. Han plantede frøene til en ny, menneske civilisation. Lad os dyrke dem.

Andre introduktioner til antroposofi

Der kan have interesse:

30

[alle tilgængelige på Amazon]

Frederick Amrine, "Social Justice in Light of Reincarnation and Karma."   Keryx, 2020.

Frederick Amrine, "Moving into the Mainstream." Keryx, 2020.

Rudolf Steiner, "Anthroposophy, the Gospels, and the Future of Humanity." Trans. Frederick Amrine. Keryx, 2018.

Rudolf Steiner, *The Inner Weaver, the Inner Musician, and the Cognitive Power of Love.* Trans. Owen Barfield and Frederick Amrine. Keryx, 2019.

Rudolf Steiner, CW 4: *The Essential* Philosophy of Freedom. Trans. Frederick Amrine. Keryx 2017. 2nd edn. 2020.

Rudolf Steiner, *Fighting Antisemitism: Seven Essays*. Trans. Frederick Amrine. Keryx, 2019.

Rudolf Steiner, *Anthroposophy and Mathematics*. Trans. Frederick Amrine. Keryx, 2019.

Frederick Amrine, "Eurythmy and the New Dance: Loie Fuller, Isadora Duncan, and Ruth St. Denis." Keryx 2017.

Rudolf Steiner, Imagination, Inspiration, and Intuition: Introduction. Trans. Frederick Amrine. Keryx, 2019

Rudolf Steiner, *Ancient Greek Consciousness*. Trans. Frederick Amrine. Keryx, 2018.

Rudolf Steiner, "Excerpts from *The Boundaries of Science*." Trans. Frederick Amrine. Keryx, 2018.

Rudolf Steiner, *Reincarnation and Karma from a Scientific Standpoint.* Trans. and ed. Frederick Amrine. Keryx, 2018.

Rudolf Steiner, *The Bologna Lecture: The Psychological Foundations and Epistemological Stance of Anthroposophy.* Trans. Frederick Amrine. Keryx, 2018.

Rudolf Steiner, "Child Development as the Basis for Education." Trans. Frederick Amrine. Keryx, 2018.

Rudolf Steiner, *Rethinking the Social Organism: Selected Writings.* Trans. and ed. Frederick Amrine. Keryx, 2019.